Marie-Luise Scherer
Unter jeder Lampe gab es Tanz

Marie-Luise Scherer

Unter jeder Lampe
gab es Tanz

WALLSTEIN VERLAG

Ludwig-Börne-Preis

Nachdem im Sommer von einigen Zeitungen gemeldet worden war, dass ich den diesjährigen Ludwig-Börne-Preis erhalten sollte, bekam ich Post aus Italien. Es war ein großformatiges Kuvert mit vielen dicht beschriebenen, durch die Kopierschwärze schwer lesbaren Textseiten und ebenso schwarzen Fotos. Bei der Absenderin handelte es sich um eine in der Toskana lebende Deutsche.

Den Briefkopf ihres Anschreibens bildeten ein Hunde- und ein Katzengesicht. Ich hatte also einen jener Briefe geöffnet, die ich ihres Umfanges wegen für gewöhnlich fürchte. Sie sind in der Regel üppig frankiert, die Marken mit Bedacht gewählt und legen so schon optisch eine gewisse Zutraulichkeit an den Tag, die einen zur Lektüre nötigt.

Häufig beinhalten solche Zusendungen Lebensläufe oder Geschehnisse, welche in thematischer Nähe zu meiner jeweils letzten Reportage liegen. Das Hunde- und das Katzengesicht auf dem Briefkopf signalisierten mir Tierschicksale, deren journalistische Verbreitung sich die Schreiberin von mir erhoffen mochte. Für jenen dicken Brief jedoch hatte der Ludwig-Börne-Preis bzw. der Ort seiner Verleihung den Ausschlag gegeben. In einer der Pressenotizen war die Paulskirche anfangs als Örtlichkeit genannt worden. Aber genauso würde der Kaisersaal des Frankfurter Römer das Ansinnen der Frau provoziert haben. Schon in den ersten Sätzen gab sie sich als eine unmoderate, hemmungslos das Leid der Tiere beklagende Frau zu erkennen. Sie verunglimpfte die berühmte Landschaft, in der sie lebte, als ein Siedlungsgebiet für Fresser aus Deutschland, als eine Kolonie der Fettleberkranken, als Revier der schlimmen Jäger und Hölle für die ansässige Kreatur.

Die Hundemeuten der Jägerschaft vegetierten unter praller Sonne in kleinen Pferchen, und sie versuche hier und dort, ihnen mit Schirmen und Planen Schatten zu schaffen. Der Bauer treibe in Ermangelung eines Bolzenschussgerätes seinem Schwein einen Nagel in den Kopf, und sie sammele Geld für Bolzenschussgeräte. Sie brachte das bessere Töten bei Massenschlachtung in Erwähnung. Eine Pilotanlage im schweizerischen Tänikon berücksichtige unter anderem die Vorliebe des Schweines, zu zweit statt alleine zu laufen. Aus diesem Grund habe das Förderband, welches zur Tötungsstelle fahre, einem Spiegel vergleichbare Seitenwände aus poliertem Metall, sodass das Schwein sich von einem Artgenossen begleitet fühle und seine Angst verliere.

In dem Brief breitete sich ein Kosmos der Tierqualen aus. Und in seiner Mitte stand eine Frau, welche sich das Ansehen einer Verrückten erworben hatte. Sie beeile sich jetzt, schrieb sie, den Papst in Rom, bevor er vollends hinfällig werde, noch für die Tiere gewinnen zu können, für ein weltweit hörbares Machtwort an all die Menschen gerichtet, die ihnen Leid zufügen. Und schließlich bat sie mich, für den Fall, dass ich eine Rede halten müsse, im Sinne der Tiere den prominenten Ort der Preisverleihung sowie die Multiplikatoren in der Zuhörerschaft zu nutzen. Sie halte sich auch gerne bereit, mit Tieren nach Frankfurt hinaufzufahren.

Im August dieses Jahres war in der »Tageszeitung« ein Agenturfoto von der Ankunft kubanischer Flüchtlinge in Key West/Florida erschienen. Im Hintergrund lag ein Boot der amerikanischen Küstenwache, welches sie gerettet hatte, und im Vordergrund der Menschenfülle lief ein Hund. Neben dem kompakten Schatten seines Körpers gab es noch den schmalen Schatten einer Schnur. Es gehörte zu jenen Fotos, deren eigentliches Hauptmotiv mich weniger zu bannen vermag als eine in das Bild hineingeratene Nebensache.

Ähnlich erging es mir bei einer Fotografie, auf der Sigmund Freud mit seiner Frau Martha und seiner Schwägerin Minna Bernays in deren Garten in Hamburg-Wandsbek sitzt. Das Foto gilt als ein Dokument für die delikate Eintracht des Psychoanalytikers mit beiden Schwestern. In meiner Erinnerung habe ich mir jedoch die drei Sitzenden weder auf einen Gefühlskonflikt hin angesehen, noch habe ich einen Hinweis für das Wesen ihrer Bindung darin gesucht, wie ihre Stühle zueinander standen. Mein ganzes Interesse galt dagegen dem völkischen Rautenmuster auf der Kaffeedecke. – Was nun diese Schnur betraf:

Sie war bei näherem Hinsehen am Hals des Hundes befestigt und endete zusammen mit den Trageriemen einer Tasche in der Hand einer Frau. Es war ein unscheinbarer Hund, einer von der Sorte jener Hungerhündchen in den Städten heißer Länder, der hier im Bild eine gelungene Flucht anführte. Mit der anderen Hand hielt die Frau den Arm eines Jungen, ihres Sohnes offenbar, und hinter diesem, in augenfälliger Zugehörigkeit, lächelte ein Mann.

Die Familie schien vollzählig zu sein, zumindest in der Konstellation von Vater, Mutter und Kind. Vielleicht würde sie Großeltern, einige Tanten und Onkel in ihrem bevorstehenden Leben vermissen, für ihr engeres Glück wären diese Zurückgelassenen aber zu verschmerzen. Außerdem könnte die Familie auf die Hoffnung setzen, in besseren Zeiten heimzukehren. Man würde sich also nicht verlieren.

Ich gebe zu, all diese Überlegungen nie angestellt zu haben, wäre die Familie ohne den Hund geflohen. Die Vorstellung jedoch, dass er zum Allernötigsten gehörte, sein Dabeisein unaufschiebbar war, dass man ihn anstelle einer zweiten Tasche mit aufs Floß genommen hatte, entzückte, ja erquickte mich.

Meine Damen und Herren, verzeihen Sie bitte, dass ich immer noch nicht von Ludwig Börne geredet habe, es auch nicht zufriedenstellend tun kann, obwohl ich in den zurückliegenden Wochen viel von ihm und über ihn gelesen habe. Allein die Menge seiner »Briefe aus Paris«, die er in kurzen Abständen verfasste, bedrängte mich. Nicht einmal im Diktat, in einer nur handschriftlich mir abverlangten Gehorsamsübung, würde ich das bewältigen können. Jeanette Wohl, die Frau, die – gerade weil sie ihn liebte – ihm die Ehe ausschlug, hatte ihn zu den Briefen verführt. Sie sagt:

»Ist nicht in Briefen eine weit frischere, lebendigere, anziehendere und ansprechendere Darstellung möglich als in Aufsätzen ... Auch weiß ich ja schon von früher, wie das mit Aufsätzen geht. Bis nur der Plan fertig, ist schon soviel Zeit verloren, und manchmal oder gar oft, wie das natürlich, auch die Lust zur Ausführung ... Bedenken Sie täglich den so reichen Stoff!«

Jeanette Wohl war seine Adressatin und die Richterin der Pariser Briefe. Und da Börne ihr gefallen wollte, ihre Gunst sein Ansporn und ihr Beifall der Maßstab für sein Schreiben war, entstanden diese Briefe unter dem besten aller Zwänge, nämlich dem, die Liebe wachzuhalten.

Den Beweis für die Leichtigkeit des Briefeschreibens, für Kurzweil durch kompositorische Unbefangenheit, für das zur Seite gesprochene, in Klammern zu setzende Wort, für eine durch Lockerheit sich einstellende Gefolgschaft vieler Leser möchte ich nicht antreten müssen. Leider gibt es für das Schreiben keine dem Aquarellieren vergleichbare Technik, mit der man zum Beispiel nur einem Hut feste Konturen gibt, die über dem Hut hinwegziehenden Wolken dagegen durch einen wässrigen Pinselschlag entstehen lässt. Beim Schreiben aber dehnt sich jedes Wort über die Strecke der von ihm benötigten Buchstaben aus. Auch die Randbemerkung schlägt sich als Zeile nieder, auch jeder Unfug und auch das Bedauern über ihn.

Wäre das Schreiben also kein ausschließlich linearer Vorgang, könnte man das Beiläufige in einem Punkt oder Flecken absetzen. Man könnte es, damit es keine Zeile kostet, zu einer Kugel drehen und diese einfach rollen lassen, quer über das Blatt von oben links nach unten rechts. Oder man müsste die »unbedeutend scheinenden Sachen«, wie Jeanette Wohl sie nannte und von Börne lesen wollte, in den Rang des Wichtigen erheben können.

Natürlich suchte ich bei der Börne-Lektüre nach einem Motiv für diese Rede – wenn es denn eine ist – nach einem von anderen bisher wenig beachteten Detail, nach einem Wasser, in dem ich allerdings auch schwimmen können müsste. Viele haben sich über ihn hergemacht. Seinem Patriotismus, seinem durch die Zensur noch beförderten Witz, seiner tagespolitischen Entrüstungskraft und seiner genialen Reizbarkeit durch alles und jedes wurde Rechnung getragen. Irgendwo stand sogar zu lesen, er habe seine Weste nur bis zu einem Sechstel ihrer Länge geknöpft.

Ich musste dabei an den Andrang auf ein Organ in medizinischen Doktorarbeiten denken, an die sicher in die Hunderttausend gehenden Doktoranden, welche sich z. B. schon das menschliche

Ohr haben teilen müssen und von ihren Doktorvätern in Winkel verwiesen wurden, die das Hören vielleicht gar nicht mehr bedienen.

Also ganz knapp noch Börne betreffend, bliebe mir das Stubenhündchen übrig, welches der Porträtmaler Moritz Oppenheim dem Schriftsteller hinter den Sessel legte. Ich könnte mich in der Art einer kunstgeschichtlichen Inventur von Innenräumen über den Hund als Staffage in Lesekabinetten versuchen. Börne sah sich in dem Porträt offensichtlich geschmeichelt, denn er schrieb an Oppenheim:

»Unsere Freunde finden das Bild ähnlich und doch schön«, um sogleich das Lob des Bildes wieder einzuschränken. Der Porträtierte stieß sich an der politischen Richtung einer Zeitschrift, die ihn der Maler in Händen halten ließ. Und ein auf dem Tisch liegendes Blatt, das Faksimile einer eigenen Schrift, monierte er als überholt. An den milieuschaffenden Zutaten des Bildes fand er dagegen nichts auszusetzen. Sein pelzverbrämter Hausmantel sowie die schlotternde Haltung des Hundes sprechen für eine kühle Raumtemperatur. Verdrossen durch Nichtbeachtung und Kälte scheint der Hund im Begriff, sich einzurollen, also eine wetterabweisende, in rauher Natur ratsame Schnecke zu bilden.

Im Frühjahr war ich vierzehn Tage in Havanna. Palmen, Platanen und Bananenbäume, Feuerwände aus Bougainvillea, Hortensien- und Oleanderbüsche beschönigten den Zerfall der Stadt. Die Menschen dort hatten wenig zu essen. Auf ihre Bezugsscheine gab es nur Weißkohl und ein faustgroßes Stück Brot am Tag. Und die Verteilerinnen, die müßig hinter den Theken der staatlichen Geschäfte saßen, es waren meistens Frauen, schnitten Fratzen, wenn der Tourist zu ihnen hinsah. Trotzdem traf ich nie jemanden an, der am Abend zugegeben hätte, wirklich nur Kohl und sein Stück Brot verzehrt zu haben.

Keiner bestritt zwar den Mangel, im Gegenteil, er war das Thema aller. Doch niemand wollte den Notstand in der eigenen Person vorführen. Nachts konnte ich in ein schlafloses Haus hineinsehen. Unter jeder Lampe gab es Tanz. Noch um drei Uhr drehte eine Frau sich vor dem Spiegel, streifte die Träger ihres Unterkleides von den

Schultern und fragte ihr Bild, ob sie schön sei. In der Nebenwohnung ging ein Mann schnell hin und her, als suche er von irgendetwas Linderung. Dann waren seine Schritte aber nur das Vorspiel einer Liebesszene.

Es gab das Gerücht, im Zoologischen Garten handelten die Wärter mit Futterfleisch. Auch ging die Rede, dass die Ärmsten Katzen essen. Und plötzlich fiel es mir auf, dass Havanna keine Katzen hatte. Doch dafür liefen katzengroße Hunde durch die Stadt. Sie würden immer kleiner, hieß es, weil die Menschen keine Reste übrig ließen. Und wenn die Hunde das Geringste auf den Rippen hätten, äße man auch sie. Sie waren meistens weiß, als wäre an ihnen jede Farbigkeit Verschwendung, als zeige sich an ihnen nur noch ein Restverhalten der Natur. Sie bellten auch nicht. Bei Dunkelheit drückten sie sich unter der Palisade des Hotelgartens durch. Und vom Fenster aus sah ich, wie sie – angestrahlt vom Unterwasserlicht des Swimmingpools – zwischen den Liegen huschten.

In unserem Speisesaal regierte die Fülle. Die Früchte, die man keinen auf der Straße essen sah, waren in Blütenform geschnitten und zu Ornamenten arrangiert. Aus hohen Glaszylindern zapfte man sich Säfte. Zwei-, drei- und vierfach in Schwingen übereinandergestapelt die Bananen, mehr zur Optik als zur Sättigung kredenzt. Das waren jetzt nur Beispiele aus der vegetarischen Vitrine.

Ich hatte inzwischen mit dem Füttern der elenden Hunde begonnen und brachte zu jeder Mahlzeit eine Tüte mit. Am besten diente das Frühstück meinen Zwecken. Wie eine Nimmersatte fasste ich zu, Brot und Brötchen, gekochte Eier, von den Würsten aber nur die ohne Pfeffer, denn ich musste ja den Durst bedenken. Ich bat auch meine Tischnachbarn, sich etwas mehr zu nehmen. Und einmal griff ich auf den Teller eines Herrn, der nur pausieren wollte. Er sagte dann in scharfer Höflichkeit: »Sie werden erlauben, dass ich mein Hörnchen selber esse!«

Ich spürte auch bald den Blick der Kellner. Sie standen am Fenster aufgereiht, jeder von tadelloser Erscheinung, und traten nur heran, um abzutragen und Platz zu schaffen für den jeweils nächsten gefüllten Teller, mit dem der Gast zurückkam vom Buffet. Ich hätte ihnen gern den Grund meiner Gier erklärt, fürchtete aber ihr Unverständnis, welches ich ihnen gleichzeitig zugestand.

So verlegte ich mich darauf, erst spät beim Essen zu erscheinen, wenn im Speisesaal fast nur noch Raucher saßen. Ich konnte jetzt die Reste überblicken, auch fremde, halbvolle Teller in meine Tüte kippen. Die Kellner standen jetzt mit dem Rücken zum Saal, was mich glauben machte, sie täten es – meines unappetitlichen Hantierens wegen – aus Diskretion. Ich schob nämlich auch Rührei in die Tüte. In Wahrheit wollten sie selber an die Reste. In jeder Fiber gespannt, manche sogar mit einem Bein zitternd, erwarteten sie mein Verschwinden.

Am Vortag meiner Abreise besuchte ich den Zoo, in meiner Handtasche eine Banane vom Hotelbuffet. Viele Käfige und Gehege standen leer, während die bewohnten den Notstand Havannas widerspiegelten. Hier wie dort an Weißkohl keinen Mangel. Er lag in Köpfen wie verschmähtes Spielzeug an den Stäben, selbst bei den Schakalen. Die Großkatzen hatten magere Flanken. Ein

Löwe knackte einen Knochen, der war porös wie ein zerlaugtes Badethermometer. Ich hörte ein Geräusch, welches dem Hämmern vieler Zimmerleute glich. Es kam von den Kondoren, deren Schnäbel, ohne Resultate zu erzielen, von einem Pferdekopf abprallten.

Ich erspare Ihnen eine breitere Schilderung meines Parcours, denn sie könnte nicht von den Vorzügen der Gefangenschaft handeln. Und nur der Banane wegen hielt ich mich etwas länger bei den Affen auf. Noch bevor sie wissen konnten, was ich in meiner Tasche trug, wollten sie es haben. Jeder schlug sich mit einer Hand gegen die Brust und streckte den Arm mit der anderen weit aus dem Käfig. Eine Äffin zeigte auf ihr klammerndes Kind, als müssten ihr die Strapazen der Vermehrung angerechnet werden. Es war ein Bettlerdrama und alle Mitwirkenden fast maßlos zu nennende Tragöden. Und sie steigerten ihre Gebärden noch, als sie den Wärter kommen sahen, auf seiner Schubkarre eine Weißkohlpyramide transportierend.

Ich hätte die Banane nie aus der Tasche ziehen dürfen. Ihr Anblick versetzte die Affen in

Aufruhr. Auch der Wärter deutete mit einer Handbewegung über seinem Magen an, dass sie ihm schmecken würde. Für eine Sekunde dachte ich, sie ihm zu geben. Dann dachte ich, dass seine Geste stellvertretend für die Affen war, und er beleidigt wäre und warf sie – ohne jeden Blickkontakt – in irgendeine ausgestreckte Hand.

Ich danke Ihnen.

Frankfurt, 6. November 1994

Italo-Svevo-Preis

Die erste Freude über diesen Preis hatte sich schnell verdunkelt, bereits am Telefon, als mir davon Mitteilung gemacht wurde und ich mich schon über einer Dankrede rauchen sah. Lieber hätte ich die Ausschmückung eines Hochaltars für Italo Svevo übernommen, wäre mit Fuhren von Blumen angetreten und hätte auch die Vasen mitgebracht. Auf mein erwachsenes Leben zurückblickend, so war es geprägt durch die Furcht vor dem Schreiben, durch sein Hinauszögern und das daraus erwachsende Unglück der Arbeitsschulden.

Oft erschien mir das Menetekel des Schriftstellers Robert Wolfgang Schnell, dass nur derjenige schreiben soll, der es auch in einer lärmerfüllten Küche vermag und – in Ermangelung eines geeigneteren Platzes – am Fensterbrett stehend einen Roman zu Ende bringt. Das nun möchte ich mit drei Beispielen widerlegen.

Das Erste: Eine Frau, seit einem halben Jahrhundert mit einem Dichter verheiratet, diesen auch ernährend, weiß außer den Titeln seiner Bücher von ihm nur, dass er nach Alkohol den Kaffee nicht verträgt, dass er mit doppeltem Kopfkeil nach Westen schlafen muss, im Winter bei heruntergezogenem Schnapprollo nur im Südzimmer und im Sommer bei unverhängtem Fenster nur im Nordzimmer schreiben kann. Während seiner drängendsten Arbeitsphasen teilt sich die Frau, da es kein Ostzimmer gibt, eine fensterlose Kammer mit einem Bügelbrett. Sie ist still anwesend beim Servieren eines Getränkes, sonst rufbereit abwesend. Ihr Mann, als Dichter eine schmerzbereite, nie vernarbende Wunde, jemand, der über die Entschiedenheit des Knicks in einer Zigarettenkippe einen Vers zu schreiben imstande ist, widmet ihr seine Bücher mit einem Lob ihrer Geduld.

Beispiel zwei: Der frisch verliebte Schriftsteller nahm die eroberte Frau in seine Kate auf Gomera mit. Er hatte sich schnell auf der schattigen Terrasse installiert und ein Blatt eingespannt. Die Frau lag außerhalb seines Schattenplatzes und sonnte sich. Natürlich schwieg sie, während er tippte.

Doch einmal, in eine Pause hinein, rief sie zutraulich seinen Namen, worauf er winkte, ohne aufzusehen. Zum Abend hatte sie gekocht. Als er gesättigt im Stuhl nach vorne rutschte, gab er eine Gebrauchsanweisung für die gemeinsamen Inselwochen: Kein Sonnenbad im Radius der Terrasse, keine Lautkundgebung, bis zum Abend wünsche er sie unsichtbar. Kurz: Die Frau weinte und packte. Während er sie zum Flughafen fuhr, beklagte er den Verlust eines Arbeitstages.

Das dritte Beispiel liegt außerhalb solcher Ansprüche. Der Schriftsteller, ein Freund von mir, kam mich der Ruhe wegen auf dem Land besuchen. Er wollte im Freien schreiben und hatte seine elektrische Maschine mitgebracht. Wir trugen Stuhl und Tisch unter die Kastanie im äußersten Winkel des Gartens. Eine Verlängerungsschnur musste her, und ich bat meine Nachbarn um ihre Kabelrolle. Der Schriftsteller ruckelte auf dem Stuhl, bis er standfest schien. Die Tischbeine ließen sich leicht in die Wiese drücken. Er steckte sie noch einige Male korrigierend um, bis er eine gerade Arbeitsfläche hatte. Dann reckte er die Arme aus dem Sommerhemd und rieb sich die Hände.

Er wirkte glücklich unter den strammen roten Kerzen der Kastanie. Auf dem Markt der Bücher galt er als Gewesener. Schon das allzu sachte Klopfen an den Türen der Verlagsvorzimmer verriet seine Bedürftigkeit. Und gelangte er einmal bis zur Tür eines Büchergottes, geriet ihm sein Klopfen nur noch zu einem Auftupfen des Fingerknöchels.

Ich hielt mich im Haus auf und glaubte ein Niedergehen von Tasten zu hören. Doch als ich aus dem Fenster sah, zog er sein Blatt schon wieder aus der Walze. Vorbei!

Was nun mein Schreiben betrifft, so warte ich auf Bedingungen, welche sich ohne mein Zutun einstellen müssten, innere oder äußere, auf eine Stille, die es in der belebten Welt gar nicht geben kann, auf eine hüpfende Lust oder eine unwetterartige Heimsuchung von Schaffensdrang, um endlich anzufangen.

Ich halte mich gern mit der Vorbereitung des Schreibens auf und lasse die Maschine säubern. Das »O« ist verschmutzt, oder es schlägt ein Loch ins Papier. Danach ziehe ich die Staubhaube über die Maschine, ein nach ihren Maßen gefertigtes

Gummituch. Schließlich steht sie da wie ein Sarkophag, der Stille gebietet.

Als ich kürzlich an einer Koppel vorbeispazierte, sah ich ein Pferd, das vollkommen bekleidet war, über den Augen ein gebauschter schwarzer Schleier, darunter ein braunes Stoffetui knapp bis zum Maul, mit dem es graste. Der den Leib rundum bedeckende Stoff reichte bis in die Hälfte seines Schweifes, der dadurch nicht mehr um sich schlagen konnte. Ich studierte die Aussparungen dieses Pferdekleides, bückte mich, um zu sehen, ob es ein männliches Tier sei und sein Wasserlassen nicht behindert wäre. Danach ging mein Blick auf die hintere Notdurftzone, dorthin, wo der Pferdekenner von der Schwanzrübe spricht, welche sich leicht anhebt, bevor die Äpfel fallen. Im Modell dieses Pferdekleides war aber all dies bedacht. Ich fragte das Mädchen, das auf der Koppel die Wassereimer füllte, nach dem Grund der widernatürlichen Verhüllung. Das Pferd, sagte es, leide unter einer Insektenallergie und reibe sich blutig an den Bäumen. Ich dachte dabei an das Gummituch über meiner Schreibmaschine, das ohne Attacken von Insekten jederzeit abzunehmen wäre.

Italo Svevo schreibt: »Außerhalb der Feder gibt es kein Heil!« Dem muss ich leider zustimmen, da ich nun mal in den Schreibberuf hineingeraten bin, wie ein anderer, der sich ursprünglich als Springreiter geträumt haben mag, in der Schafzucht steckenblieb.

Man rät mir zu mehr Unbedenklichkeit. Einfach loszuschreiben. Feinheiten später! Kunst erst beim vierten oder fünften Durchgang! Ich blättere in den gepriesenen Büchern. Die Lockerheit der Meister ist bedrohlich, wie hingeschlenkert mörtellos gefügte Sätze. Einmal ließ ich mich ermuntern durch den Kapitelanfang eines vielleicht nicht allzu großen Meisters. Er lautete: »Singapur, 12 Uhr 30 Ortszeit, mir steckt der Flug noch in den Knochen.« Also schrieb ich in meinem thematischen Zusammenhang: »Frühsommerlicher Morgen, das Zwitschern der Vögel, ihr Frohsinn beschämt mich.«

Es sollte ein Vorstoß sein, das Beiseiteräumen einer Schranke, die Geburtseinleitung für flüssige Sätze. Ich hatte es am Ende einer bis dahin ergebnislosen Sitzung hingeschrieben. Das Zwitschern der Vögel und ihr beschämender Frohsinn waren das ermattete Beschließen einer Tagesfron.

Hierzu fällt mir eine Episode aus meinen Mädchenjahren ein. Ich strickte mit vier Nadeln an einem weißen Strumpf für die Handarbeitsstunde, wobei meine Großmutter mir über die Klippe der Ferse hinweghalf. Danach gelangte ich wieder auf die unkomplizierte Strecke der Sohle, welche sich irgendwann zu einer Spitze hätte verjüngen müssen, für die ich ebenfalls auf die Hilfe meiner Großmutter setzte. Ich erwartete ihre Rückkunft von einer Beerdigung, und als sie auftauchte, hatte das Schlauchstück der Sohle schon jedes Längenmaß überschritten, in das der Fuß eines menschlichen Lebewesens gepasst hätte, zumal eines, das weiße Söckchen trägt. Über dem Warten war die Sohle ein vom Schweiß der Anspannung schmutziger Rüssel geworden. Auch die schließlich gestrickte Spitze rettete die Tragbarkeit dieses Strumpfes nicht. Ich vernähte den letzten Faden, was mich natürlich nicht glücklich machte. Und wie das schmähliche Vernähen des

Fadens empfand ich das frühsommerliche Vogelzwitschern, sodass ich anderntags das Arbeitszimmer nicht betrat, als erwartete mich der Anblick einer toten Katze in meiner Regentonne.

Um das Kleinmütige der Bekenntnisse über mein Schreiben etwas abzumildern, möchte ich meinen Notizenfleiß anführen. Ich mache Notizen, wo ich gehe, stehe und sitze. In jeder Jacke steckt ein Zettel mit Stift. Ich steige vom Fahrrad und beschreibe eine Biberburg aus filigranen, fast japanisch transparent verbauten Hölzchen und lasse die Architekten mit wasserschweren Schwänzen in ihrer Burg verschwinden. Das fällt mir leicht, da ich nicht in die Maschine schreibe. Denn an der Maschine befällt mich das Ungenügen. Über der Entscheidung, eine Strickjacke blau oder bläulich zu nennen, kann ich eine ganze Nacht zubringen.

Ich sitze mit einem virtuosen Erzähler am Tisch und lache begeistert, bis mein Blick auf seinen Daumen fällt. Der Daumen ist affenartig hoch angesetzt und reicht, wenn er ihn anlegt, bei weitem nicht an die Wurzel des Zeigefingers heran. Ich verliere mich in diesen Anblick, höre dem Mann nicht mehr zu, sondern greife nach einem Bierfilz und notiere die Entferntheit des Daumens zum Handteller. In ähnlicher Selbstvergessenheit erfasse ich schöne Gebisse. Jemand spricht zu mir, während seine tadellosen Zähne sozusagen in meine Aufmerksamkeit hineinbeißen. Ein anderes Mal sind es Eckzähne von rudimentärer Kräftigkeit, die sich beim bloßen Hinsehen zu Reißzähnen verlängern.

Ich sollte jetzt die Zähne steckenlassen, wo sie stecken. Doch einer steckte gar nicht, sondern lag, als habe ihn der Gaumen aussortiert, wie ein Körnchen Suppenreis schräg auf der Oberlippe.

Sie sehen, ich habe so manchen Knopf, zu dem nur noch der Mantel fehlt. Ich glaube sogar, aus Furcht vor dem eigentlichen Schreiben, an einem Notizenwahn zu leiden, der mich aus dem Alltag reißt.

Meine Schreibmaschine steht in einer Brandung aus Zetteln. Kürzlich griff ich nach einem mit der weit zurückliegenden Beobachtung einer Frau in New York. Sie war knochenzart wie ein Seepferdchen, fast gläsern, ein verwöhntes Geschöpf, das sich bei Tiffany's schwere Geschmeide umhängen ließ. Voraussichtlich wird diese Seepferdchen-Frau niemals ein Unterkommen finden in einem meiner Texte.

Hingegen will ich schon seit zwanzig Jahren einen alten Mann bedenken, ein Held für Svevo und leider nicht für mich, da mir das Zutrauen fehlt für eine tragende Handlung. Er winkte aus einem Zugabteil, und sein Winken war nicht elastisch. Es wirkte haltlos, als wollte er Wasser von der Hand abschütteln. Die Finger tendierten in eine Schräge, die das Alter mit sich bringt.

Und noch etwas über die Altershand aus meinen Notizen. 1979, auf der Trauerfeier für den Dichter Nicolas Born in der Kirche zu Damnatz, dem Dorf, in dem ich lebe, kämpfte ein Bauer beim Ave Maria mit den Tränen. Ich saß hinter ihm und sah, wie sein Zeigefinger immer wieder die Träne verpasste.

Das Pendant zur alternden Hand ist der alternde Fuß. Und der Verräter des alternden Fußes ist der von ihm geprägte Schuh. Und dieser kann keinesfalls jenes Schühchen sein, in dem die Füßchen stecken, welche die Helden von Svevo in erotischen Aufruhr versetzen.

Ich bin nur Leserin und unbefähigt für jedwede literaturwissenschaftliche Einlassung. Den erhebungslosen, von Mord und Totschlag freien Geschehnissen bei Italo Svevo, der seine müßiggehenden Helden gleichzeitig bis zur Magma, dem Glühkern ihrer Existenz, hinabdenken lässt, folge ich lustvoll. Berührungspunkte zwischen seinen Protagonisten und mir hüte ich mich zuzugeben.

Einmal heißt es beim Anblick eines schönen jungen Mädchens, bei dem sich der Held noch Chancen ausgerechnet hatte: »Doch sofort hörte ich wieder auf zu lächeln, weil mir einfiel, dass dabei all das Gold in meinem Munde sichtbar wurde.«

Fast alle Helden Svevos befinden sich noch am Vorabend des eigentlichen Alters, bedienen aber schon das Greisentum. Wie Vitamine verschreiben sie sich Liebe mit käuflichen jungen Frauen und erleben die Familie als »Fluch und Fluchtpunkt« (Jochen Schimmang). Svevos Helden könnten nicht weiblich sein, zumindest nicht nach dem Selbstverständnis meiner Generation. Sind sie kokett, erwarten Frauen meines Jahrgangs höchstens einen ungläubigen Aufschrei, wenn sie ihr Alter nennen.

So bescheide ich mich, nur einen Berührungspunkt mit Svevo zu haben: Das Rauchen, sein Abschwören und das Weiterrauchen. Die Initialen L. Z. für »letzte Zigarette« stoßen wie vorlaute Keimlinge aus seinen Texten hervor. Es gibt Fotos, auf denen er sie mit der Glut nach hinten hält wie ein pausierender Kellner. Oder er trägt sie hinters Ohr geklemmt, wie es in den Straßenbahnen meiner Kindheit, als es noch den Galoppwechsler gab, die Schaffnerinnen taten.

Hamburg, 6. Juni 2008

Heinrich-Mann-Preis

Mit Blick auf die Bücher in meinem Arbeitszimmer – es wäre hochfahrend, dies Bibliothek zu nennen – hatte der Handwerker gefragt: »Und die haben Sie alle gelesen?«, worauf ich geantwortet hatte: »Nein, nicht alle!« Trotz dieser Einschränkung hörte er nicht auf zu staunen und sagte: »Das ist ja allerhand!«

Da wusste ich, wie sehr ich mit meiner Antwort übertrieben hatte, dass aus den beiden Wörtern »nicht alles« eine größere Büchermenge herauszuhören war, eine, die weit jenseits der Hälfte läge. Ich stellte mir dann vor, wie alle ungelesenen Bücher sich durch ein Blinklicht zu erkennen gäben. Was für ein Lichtgezeter in den Regalen! Wie inständig die Bücher um ihre Lektüre baten. Nur das Blinken des Stifterschen »Nachsommers« gab sich ermattet vom Warten, war nur noch schwaches Erzittern.

Vielleicht sind Illusionen unabdingbar für die seelische Gesundheit, da ich ja glaube, zumindest an beschwingteren Tagen, alle diese Bücher noch zu lesen. Dann vergesse selbst ich, die ich keine gebürtige Optimistin bin, dass meine Lebensmitte lange hinter mir liegt. Doch da sind die vielen anderen, der lebenszeitlichen Realität bewussten Tage, an denen die Bücherwand nur noch eine hochstapelnde Möblierung für mich ist. Sie füttert das Wissen um die kurze Zukunft.

An solchen Tagen, wenn dieses Wissen die Oberhand hat, empfinde ich sogar das Setzen einer Tulpenzwiebel als vermessen, da sie erst in einem fernen Frühling ihre Blüte treiben wird. Dann höre ich den Satz meiner Großmutter, wenn ihr die Ansammlung des Unnützen in ihrem Wohnzimmer, welches sie Stube nannte, in den Blick geriet: »Das kommt alles auf den Gemeindekarren!« – die spitze, spiralige, in jeder Windung zugestaubte Kerze in einem Kränzchen künstlicher Vergissmeinnicht, die nie in Gebrauch gelangenden Vasen auf dem hohen Schrank, die Sachen und Sächelchen hinter Vitrinenglas, knospenkleine Salzgefäße, der gehämmerte Tischhandfeger mit Schippe, die gehämmerte Manschette für die Maggiflasche, alles von niedrigstem Silbergehalt und braun angelaufen.

Keiner dieser Gegenstände wird sie je wirklich gefreut haben. Sie wird nur höfliche Empfängerin, eine wehrlos Beschenkte gewesen sein. Und in ihren dem Tod vorauseilenden Gedanken war all dieser Plunder schon abgeräumt. Sie stammte aus kleinbäuerlichen Verhältnissen, wo den Mädchen bis zur Einschulung die Köpfe geschoren wurden, weil der Mutter keine Zeit zum Zöpfeflechten blieb. Dort gab es keinen zweifelhaften Zierrat, nur dienliche Dinge, die von Natur aus ja nie hässlich sind. Sie gab sich rauh: »Kinderwille ist Kälberdreck!« war ihre ständige Rede.

Zu ihrer Zeit war das Wort *kuscheln* noch nicht geläufig und in ihrem Haus auch nicht die Tätigkeit, die dieses Wort beschreibt. Undenkbar die klebrige Bekundung *Ich hab Dich lieb!* Der Großvater wird ihr mal in die Nase gekniffen haben, und ihr werden wie beim Reiben eines Meerrettichs Tränen aufgestiegen sein. Es war kein Streicheln, was die geliebte Katze auf ihrem Schoß erfuhr. Sie hielt nur deren Kopf umkrallt samt den niedergedrückten Ohren.

Auf dem Radio stand ein Jugendfoto von mir, eine Atelieraufnahme mit retuschierten Augenbrauen. Für jedes Empfinden hätte dieser Ehrenplatz jedoch dem Foto meines Bruders gebührt, der kurz zuvor auf schreckliche Weise gestorben war. Als ich sie darauf ansprach, hatte sie schroff gesagt: »Dort hängen die Toten!«, und auf die Wand gewiesen mit den Weltkriegsgefallenen des Kaisers und denen des letzten Krieges, dazwischen mein Großvater bei einem Bergmannsumzug, den Bauch in eine Schärpe gedrückt; die Söhne: Karl, der zu Lebzeiten wenig beachtete Spätheimkehrer aus Sibirien mit den entblößten Zahnhälsen des Hungers; Albert, der depressive Landessieger für dreihundert Stenokürzel in der Minute; meine weich lächelnde Mutter, im Revers des Gabardinemantels einen gestreiften, zur Schleife gebundenen Schal, schließlich mein Vater, als er noch glaubte, die Welt erwarte ihn, mit spöttischem Mund und einem Nacken wie Erich von Stroheim.

Der Namensgeber eines Literaturpreises ist, bis auf wenige Ausnahmen, immer milchstraßenweit von seinem Empfänger entfernt. Ich denke an den schönen Satz der Bachmann, sie sei, Büchner betreffend, nicht würdig, sein Schuhband zu lösen. Und das mit ihrer Stimme, die selbst dem Verzicht auf diesen Vorgang noch Gebücktheit verlieh. Und welches Bild nehme ich, da man mir den Heinrich-Mann-Preis verliehen hat, um diese Ehre zu illustrieren? Ich könnte dem großen, in den Schatten seines Bruders gerückten Schriftsteller mit dem Unterarm über die Hutkrempe seines Homburgers wischen. Der Ort der Preisvergabe, die Akademie der Künste zu Berlin, fördert zudem ein Gefühl von Deplatziertheit.

Vor vierzig Jahren hatte ich in einem Grandhotel an der normannischen Küste übernachtet, in dem die Restbestände eines mondänen Lebens versteigert wurden. Presseleute aus vielen Regionen hatten sich eingefunden, doch außer mir kam niemand aus Berlin. Und da der Rezeptionist noch nichts von der Teilung Deutschlands gehört haben mochte, hatte er mir, sozusagen als Repräsentantin der Reichshauptstadt, das beste Zimmer zugewiesen.

Ich spürte gleich eine gewisse Spitzfingrigkeit des Gepäckträgers, der sich meines redlichen

Koffers anzunehmen hatte, und er spürte meine Beklommenheit, als ich das Zimmer betrat. Es war ganz mit blauem Kattun ausgeschlagen, und das Kopfende des Bettes trug eine Housse aus weißem Piqué, was ich als Maßnahme gegen pomadisierte Köpfe begriff. Laken und Bezüge aus blauer Seide. Auf dem großen Kissen ein Stapel immer kleiner werdender Kissen, eine aufsteigende Kaskade, an der man sitzend hätte schlafen können. Oder man hätte sich die kleinen Kissen um den Kopf packen können, als sei er ein Schmuckstück im geplusterten Futteral eines Etuis. Am Abend war das elegante Bett dann aufgeschlagen und über den getürmten Kissen mein Nachthemd ausgebreitet, trotz seiner mäßigen Weite auf Taille gerafft. Es passte nicht zu diesem Bett. Ich fand es erbarmungslos vorgeführt und dachte an den Abstoßungsprozess von implantierter Haut.

Wie jeder, der noch lebt, weiß ich nichts vom Tod, bin aber ständig mit ihm befasst. Bei jeder Zigarette rechne ich mit seiner Ungeduld und habe soweit alles geregelt, auch den Verbleib meines frisch geimpften Hundes. Ich habe mein Grab schon bezahlt für dreißig Jahre Liegedauer. Solange es noch leer ist, überweise ich dem Friedhofsamt 47 Euro zum 1. Dezember. Und manchmal hetzt mich dieses Grab, zur Sache zu kommen. Das der Beerdigung folgende Kaffeetrinken ist ebenfalls schriftlich festgelegt. Und wenn ich mich nicht genierte vor dem Rechtsanwalt, der sich auf mein Testament eingelassen hat und geduldig bleibt bei meinem häufigen Sinneswandel, würde ich gerne noch verfügen, zu den Mettbrötchen beim gemütlichen Teil auf dem Saal mehr Zwiebeln zu reichen.

Inzwischen trainiere ich die Gelassenheit meiner Großmutter, die ihr Zeug dem Gemeindekarren zuerkannte. Denn ich habe auch viel Zeug, bin manchem aber mehr verhaftet, ihrem Kochlöffel etwa, der vom Rühren schwarz und klein geworden ist, dazu leicht abgeschrägt wie das Ohr meiner Mischlingshündin. Auch dem Brillenetui meines Vaters aus makrelenartig satiniertem Metall; dem stumpf zertippten Kohlepapier, seinem offensichtlich letzten Bogen für die Durchschläge geschäftlicher Briefe, die noch Schaffenskraft vorgaben.

Für meinen Vater kommt meine Auszeichnung leider zu spät. Sie hätte ihn in seinem Unglück etwas gestrafft. Er hatte seine Firma nach dem römischen Handelsgott Merkur benannt, was seine spätere Selbstverhöhnung schürte. Die Natur hatte ihn mit Güte und Unbescheidenheit, auch einer Spur Größenwahn ausgestattet. Über Jahre sah er einem Feriensommer entgegen, an dem er die Mittel hätte, die Familie ins Auto zu setzen, an die Côte d'Azur zu fahren und in einem ersten Hotel abzusteigen. Doch für uns kam dieser Sommer nie. Wir blieben immer zu Hause, fuhren mal zum Wildschweingehege vor der Stadt oder mit altem Brot an die Ententeiche.

Der sonnengebräunte Saarbrücker sprach nur von der *Côte*. Und wenn das Wetter schlecht war an der Côte, war die Saison *brut* gewesen. Der kennerische Saarbrücker drückte den Daumen auf den Camembert, um ihm Reife oder Unreife zu attestieren. In seinen Käsekenntnissen hatte er eine Wissenschaftlichkeit entwickelt, die es *drüben*, im wirklichen Deutschland, noch nicht gab. Wie alle Saarländer, die historisch mal dahin oder dorthin gehörten, litt er zu meiner Zeit – jetzt verwende ich auch schon diese Altersformel – noch unter einem gouvernementalen Grundgefühl. Dazu kam die Konsonantenschwäche der Sprache, die man drüben, im wirklichen Deutschland, oft für sächsisch hielt. Das Idiom wurde als ungewandt empfunden, ein Grund für die Universität, ihre Sprecher in Westfalen zu rekrutieren. So wurde die Redensart vom Westfalen zweiter Wahl geboren. Jeder, der die Konsonanten nicht verwischte, war demnach ein Westfale.

Nur Erich Honecker, der später die DDR regierte, wird das sächsisch klingende Verwischen zugute gekommen sein. Mein Onkel Willi war mit ihm zur Schule gegangen. Er sprach vom Erich, der vor dem Stimmbruch sich schon als Roter zu erkennen gab, während das bergmännische Saarland schwarz war. Die Bergmannschaft war eine stolze Kaste. Wahrscheinlich rührte dieser Stolz von der Todesnähe des Berufes her. Auf manchen Friedhöfen gab es ganze Felder mit den Opfern nur eines Grubenunglücks.

Auch mein Onkel wurde schwarz, da er nur angestellter Konditor war und eine Bergmannstochter geheiratet hatte. Sie hielt ihn klein und hatte nur zweimal den Rock hochgeschlagen, damit er die beiden Kinder zeugen konnte. Danach ließ sie ihn bis zu seinem Lebensende in der Dachkammer schlafen. Samstags backte er im Keller in seinen vier Öfen Torten für privat.

Als ich erwachsen war, die Betroffenen gestorben und das Fernsehen schon am frühen Abend Kopulationen, die verwegensten Aufritte zeigte, hatte mir meine Tante Käthe erzählt, der arme Willi habe kein einziges Mal die Brust seiner Frau sehen dürfen. Er sei ein Kompromiss gewesen, sie habe den Pfarrer im Auge gehabt.

Soweit ich meine Tanten überblicke, war jede eine Herrscherin, die ihren Mann mehr ertrug, als dass sie ihn liebte. Und wenn im Alter diese Männer nicht mehr aus der Küche wichen, nur noch im Wege saßen und ein Faktor der Unordnung waren, machten sie sich bald ans Sterben. Ich kannte keinen einzigen Witwer in der Verwandtschaft, nur Witwen, die sich in der Grabpflege überboten. Und eine hatte einen nie versiegenden Tränentank.

Auf der Büroetage meines Vaters gab es ein Bad mit eingekachelter Wanne, die seine Lehrlinge benutzen durften. Er kannte das hierarchische Baden der kleinen Leute, das in den Zinkbütten immer trüber werdende ausflockende Wasser. Nachdem das Familienoberhaupt darin gesessen hatte, waren die Schwestern an der Reihe, danach die Buben, und die Frau goss hin und wieder einen heißen Schwall aus dem Kessel nach.

Ich stelle mir den gereckten Kopf meines Vaters vor, wie er sich aus dem Dach des Bergmannshauses stemmte, das Blei seiner Herkunft von ihm abfiel, wie die Ziegeln nachgaben, und sein willensstarkes Gesicht die Welt begrüßte. Und ganz zuletzt sehe ich ihn unter dem gleichen Dach wieder verschwinden, einen Platz erhoffend in dem genügsamen Haus mit seinen resümierenden Seufzern, der Hingabe seiner Brüder an das sonntägliche Wunschkonzert, wenn das Radio den Gefangenenchor aus Nabucco spielte.

Sein Gesicht wie auf dem letzten Passbild, wo er zu lächeln versuchte über einem schlecht gebügelten Kragen.

Wie alle oder doch die meisten Grenzbewohner, hier war es die unmittelbare Nähe zu Frankreich, war mein Vater auf eine überschüssige Weise deutsch. Es gibt ein Foto, auf dem man ein Parteiabzeichen an seinem Jackett zu erkennen glaubt, aber es könnte auch der Aschekegel einer Zigarre sein. Ich höre ihn noch sagen, das geistige Hochplateau der Franzosen sei dichter besiedelt als das der Deutschen, doch zu den eisigen, einsamen Gletschern gelange nur ein deutscher Geist. Die Zugfahrt von Saarbrücken nach Paris dauerte vier Stunden damals, man fuhr noch über Metz. Auf der Höhe von Bar-le-Duc ging der Speisewagenkellner mit der Glocke die Abteile ab, um für das erste Couvert zu läuten. Mein Vater wartete aber immer das zweite ab, da er bis Paris bei Kaffee und Cognac sitzen bleiben wollte. Im selben Zug könnten auch anspruchsvolle Saarbrückerinnen gesessen haben, die in Paris einen Friseurtermin hatten oder eine Verabredung mit Madame Barthel, der gefragtesten Modistin.

Einmal hatte mich mein Vater mitgenommen nach Paris. Dort gingen wir chinesisch essen, was für Deutsche sehr exotisch war, zumindest exotischer als für Franzosen, die in Asien ja noch Kolonien hatten. Mein Vater war gleich der Chinesin verfallen, die uns bediente, einer jungen schlanken, unerwartet großen Frau. Unter dem engen hellgrünen Kleid die hochsitzende Halbkugel ihres Gesäßes, die Brust gerade so gewölbt wie eine frisch angewehte Düne. Er sah ihr nach und ihr entgegen, wenn sie auf den Tisch zukam. Am Ende bat er sie, die Rechnung kalligraphisch mit dem Tuschepinsel auszuführen, was sie ihm aber ausschlug.

Mein Vater liebte schmale Frauen, auch wenn er meine Mutter ebenfalls geliebt haben mochte. Sie hatte Geschmack, einen wunderbaren Mund, doch nicht die Silhouette der Chinesin. Sie hatte ihn früh zurückgelassen. Als sie im Sterben lag, sagten die Leute, hier wäre es der Kinder wegen besser, der Vater würde abberufen. Die Mutter war nicht ehrversessen. Sie hatte, lange bevor die Firma Merkur nur noch als Briefkopf existierte, die Kissenbezüge aus ihrer Aussteuer versetzt, um die es letztlich aber nicht schade war, da die pompösen Monogramme wie Prägestempel noch bis zum Mittag die Wange zeichneten. Danach hatte sie die Deckeluhr versetzt, ihr Erbstück von zu Hause.

Diese goldene Uhr hatte zum Auftritt meines Vaters gehört, der sie biedermännisch aus der Westentasche zog, sie aufklappte, um sie mit einer Miene des Behagens wieder wegzustecken. Ebenso biedermännisch riß er den Spazierstock hoch. Er gefiel sich in theatralischem Gebaren.

Zuerst war die Uhr nur wochenweise beim Pfandverleiher, dann blieb sie dort. Um ihr Fehlen leichter zu ertragen, der Tatsache, dass sie aus Not versetzt worden war, die Niedrigkeit zu nehmen, gab mein Vater die Uhr dann als historisch aus, trieb ihre Herkunft ins sechzehnte Jahrhundert hinunter, bis in die Nürnberger Werkstatt des Peter Henlein hinein. Er sprach von der Uhr, als sei sie bei Sotheby's unter den Hammer gekommen wie ein berühmter Diamant, einfach losgeschlagen und wieder in Umlauf gebracht.

Zu den markantesten Erinnerungen an meinen Vater zählen die Augenblicke, als er das Juliblatt des Kunstkalenders umschlug, da der August begonnen hatte. Nun zeigte das Augustblatt ein nacktes Mädchen von Renoir in einem schlierigen Gewässer, und ihm war die Brust des Mädchens zu bäurisch und zu schwer. Also überschlug er auch dieses Blatt, und wir hatten schon September mit den Ackerfurchen von Van Gogh.

Mein Vater war gescheitert. Er hatte nicht zum Kaufmann getaugt, obwohl er die Wirtschaftsgesetze hätte lehren können. Er entbehrte jeglicher Härte und fand Schläue vulgär. Als Gläubiger suchte er beim Schuldner sachte um Verständnis nach.

Er verabscheute das Händlertum. Ich habe noch im Ohr, wie er uns Kindern zu verstehen gab: »Euer Vater verkauft keine Brezeln, sondern eine Brezelfabrik!« Ein Satz, der den Millionären galt, die uns gegenüber wohnten. Die hatten, bevor sie die Villa bezogen, aus dem Bauchladen Silvesterknaller verkauft und danach mit Billigkleidung das Geld vermehrt. Ihr Schaufenster in der Innenstadt war nicht größer als das einer Schusterwerkstatt, dafür erstreckte sich der Laden mietgünstig in die Tiefe, während die Firma Merkur meines Vaters vier Schaufenster hatte, dazu noch die Büroetage mit dem Badezimmer. Er verkaufte Präzisionsstahl aus Schweden.

Die Sehnsucht meines Vaters galt einem vornehmen Kaufmannstum. Zu seinen Hoheiten zählten Männer wie der alte Röchling, Herr über die Walzstraßen der Völklinger Hütte. Er hatte ihn einmal im Zug beim Frühstück vor einer Brotdose sitzen sehen. Die Bescheidenheit dieses wahrhaft Mächtigen hatte ihn in einem fast religiösen Sinne erschüttert.

In unserer Garage prunkte der Mercedes-Kompressor des verstorbenen Schraubenfabrikanten K., ein Cabriolet, das 35 Liter schluckte. Die Erben hatten es der Saarbrücker Karnevalsgesellschaft für ihre Umzüge vermacht. Meinen Vater schmerzte diese pietätlose Weiterverwendung, und obwohl selber im Niedergang begriffen, löste er den Wagen aus. Er wäre aus Standeskeuschheit aber nie mit ihm gefahren. Es war eine Devotionalie, für die er Garagenmiete zahlte, während unser Auto unverschlossen auf der Straße stand.

An einem Wintermorgen sah ich meinen Vater, wie er sich mit einer Schaufel darin zu schaffen machte. Offensichtlich hatte jemand seine Notdurft im Auto verrichtet. Dann säuberte er die Schaufel an einem Gebüsch. Er tat es mit der Klaglosigkeit eines Dulders. Ich nahm zum ersten Mal seine Verlorenheit wahr, in der ich ihn in meiner jugendlichen Kälte bald alleine lassen würde.

Als die zweite Generation der Millionäre, die uns gegenüber wohnten, herangewachsen war, gab es Klavierkonzerte in ihrer Villa. Im Sommer bei offenem Fenster. Manchmal sah ich die Tochter, die Rosemarie hieß und diesen Namen durch einen Bindestrich trennte, mit dem Tennisschläger in die Kastanie springen, die vor unserem Haus in strammer Kerzenblüte stand. Ich wäre gerne sie gewesen, hätte gerne ihr Leben geführt, das sich dem Bauchladenhandel mit Sylvesterknallern verdankte, denn mein Vater hatte liquidiert mit seinen Schwedenstählen. Auf unseren Möbeln klebte der Kuckuck, wie man das böse Siegel nannte. Die gesamte Straße, so schien es mir, richtete ihren Übermut gegen uns. Alle Töchter dieser Straße durften in Vevey am Genfer See französisch lernen, und alle absolvierten sie in Bournemouth noch ein englisches Jahr.

»Warum ich nicht?«, fragte ich meinen gequälten Vater. Das tut mir heute leid, denn es fielen ihm in seiner Not immer noch so schöne Bilder zu uns, seinen beiden spitzgesichtigen Kindern, ein. Meinen Bruder nannte er *Prinz Kirschkern* und mir sagte er, ich könne eine Ziege zwischen die Hörner küssen.

Anfangs nahm er noch die Straßenbahn, doch immer in der Furcht, dass man ihn ansprach. Saarbrücken war ja nicht Brooklyn oder sonst ein international durchmischter Ort, der einen Stigmatisierten abtauchen ließe. Und durchbrach jemand sein verkapseltes Dasitzen in der Straßenbahn, brachte er sofort die Rede auf mich. Er machte mich zum Gegengewicht seiner Verluste, phantasierte von Triumphen, die es nie zu feiern gab. Einmal war ich Gewinnerin eines Aufsatzwettbewerbes der Montanunion, einmal Kulturreferentin bei der UNESCO in New York. Und die Leute gratulierten mir, wenn ich mich seinetwegen in Saarbrücken aufhielt, oder fragten, wie der Flug gewesen sei.

In Wahrheit schrieb ich über Inventuren in Berliner Zoogeschäften; über die Darmverschlingung des See-Elefanten Bolle; von einem Eichhörnchen, das Pipo hieß und an einer Pfeife zog, in der eine nahrhafte Paste steckte. »Pipo Paste« lautete die Titelzeile. Ich besuchte die Weihnachtsfeier des Pinselohraffenclubs in der Marokko-Bar. Titelzeile: »Bürsten Sie Ihren?« Ein belangvolleres Stück handelte von der Abluft aus Krematorien, mit der man Wohnungen beheizen wollte. Ein anderes von den Plänen des Senats, vom Fluglärm zermürbte Mieter aus Tempelhof umzusetzen und statt ihrer Taubstumme anzusiedeln.

Ich hatte meinem Vater nie etwas zugeschickt. Auch wenn er mich liebte, wäre er nur gerührt gewesen, aber nicht stolz. Nie werde ich seine Behelligung vergessen, als ich ihm einen Schreibversuch zu lesen gab. Ich war siebzehn, und meine Geschichte hieß »Das schmutzigweiße Hündchen an der Regentonne«. Er war ratlos, als er mir die Seiten mit schlapper Hand zurückgab, und beließ es bei der Prophezeiung: »Aus Dir wird keine Margret Boveri!« Damals reichte noch sein Geld für die FAZ, in der die Boveri erschien.

Er musste mich also erhöhen mit erfundenen Karrieresprüngen. Als ich ihn darauf ansprach, schwieg er und fuhr von da an nicht mehr mit der Straßenbahn.

Mein Vater war sehr phantasiebegabt, dazu kam sein Hang zur Mythomanie. Er erzählte von einem hoch mit Schwämmen beladenen Esel, der einen Bach durchquerte, in dem die nunmehr nassen Schwämme den armen Esel niederdrückten. Doch mein Vater sprang dem Esel bei, befreite ihn von seiner Bürde und legte die Schwämme zum Trocknen aus. Das alles spielte in Griechenland, wo er nie gewesen war. In einem strengen Kriegswinter in den Karpaten wollte er sich mit dem Löffel seines Soldatenbestecks Stufen ins

Eis gegraben haben. Da mussten alle lachen, auch er, der von der Westfront wohlbehalten Heimgekehrte, lachte schließlich mit.

Dann sah ich ihn, wieder einmal in Saarbrücken, wie er ein Netz voller Pfandflaschen schleppte. Ich saß am Steuer eines alten Volkswagens und hielt nicht an, halb aus Feigheit, halb aus Diskretion. Das Bild, das ich noch von ihm hatte, deckte sich nicht mit dieser Gestalt, nicht mit der Stimme am Telefon, die sich fest gab, wenn er mir die Höhe seiner Außenstände nannte, nicht mit der Gewissheit, diese Außenstände bald hereinzuholen, um mich danach in Berlin zu besuchen. Er musste schon mal dort gewesen sein, vielleicht noch vor dem Krieg. Er stand auf dem Kurfürstendamm im Arm eines Foto-Bären. Er trug die gleiche Art von Anzug, die ich an ihm kannte, immer grau. Auch jetzt, wo er langsam und gebeugt ging, trug er einen grauen Anzug, nur dass er ihn nicht mehr füllte. Nichts erinnerte an den Furor seiner Märsche, den Flur der Wohnung rauf und runter, wie ein Anstaltsinsasse Kette rauchend und auf Rettung sinnend.

Jetzt kehre ich zur Bücherwand in meinem Arbeitszimmer zurück, in der einige der gelesenen Bücher nun blinken sollen. Zuvorderst »Das Chagrinleder« von Balzac, der Roman über eine gegerbte Eselshaut, die Wünsche erfüllt, nach jedem erfüllten Wunsch etwas zusammenschrumpft, schließlich dahinschwindet und dem maßlos Wünschenden den Tod bringen wird. Ich hätte diese Eselshaut oft zum Schrumpfen gebracht. Für jede zu schreibende Zeile hätte ich mich dem Tod genähert. Vor allem für diese Dankesrede. Doch glücklicherweise stand dieses Chagrinleder mir nie zu Diensten. Und so bin ich in der Lage, dem »Untertan« von Heinrich Mann das Lied zu singen.

Er würde unter allen meinen Büchern am ungebärdigsten blinken. Sein grüner Leineneinband ist abgegriffen und von fettiger, porenloser Glätte wie der Lappen unter einem Bohnerbesen. Das Buch ist im Sinne des Wortes eine Schwarte. Ich habe es nach der Wende aus einem Waschkorb gezogen, der vor dem Kulturhaus der Gewerkschaft für Land und Forst in Parchim auf dem Bürgersteig stand, und eine Mark dafür gezahlt.

Nach den Stempelvermerken im Innenblatt war es einundzwanzig Mal ausgeliehen worden, Rückgabe nach jeweils einem Monat. Die Seiten sind voller Unterstreichungen, alle mit dem Lineal gezogen. Einmal auf dem Rand in junger, runder Schrift das Wort *Genugtuung* als Übersetzung des Fremdwortes *Satisfaktion*. Die letzte, zweiundzwanzigste Leserin war ich, begeistert von seinem unerschöpflichen Repertoire, devote Verrenkungen vorzuführen. Da ich philologisch nicht dilettieren möchte, werde ich die Rede mit den Absonderlichkeiten meiner Westberliner Jahre beenden.

Es gab die Mauer noch nicht lange, als ich anfing als Lokalreporterin. Viele Menschen waren wund vor Trennungsschmerz. Und ich, im Besitz eines westdeutschen Passes, konnte ihnen nützlich sein, da ich tageweise *rüber* durfte. So wurde ich Kurierin, Überbringerin von Mangelware, darunter heikelste Dinge, die als Eigenbedarf deklariert werden mussten und mir peinlich waren, beispielsweise Varizensalbe, wenn Sie um das Gebiet ihrer Anwendung wissen. Auch Dulcolax war mir peinlich, ebenso Stützhalbstrümpfe. Pepsinwein war mir egal, etwas weniger egal die Kreislauftropfen Korodin. Als ehrenrührig empfand ich den Diabetes-Set, die Kolben mit den Einmalspritzen, schließlich war ich noch jung, gerade Anfang zwanzig, und dann all diese Gebrechen. Dafür aß ich die beste Ente meines Lebens am Kollwitzplatz, wo ich ein Bruchband abzuliefern hatte.

Ich danke Ihnen, füge aber noch hinzu, dass mein Vater von heute an wieder Straßenbahn führe.

Berlin, 3. April 2011

Kunstpreis des Saarlandes

Ich kann die Schönheit des Saarlandes nicht feiern. Ich vermag es nicht, da ich seine schönsten Partien gar nicht kenne, die Saarschleife bei Mettlach einmal ausgenommen. Dort bin ich mit der Schulklasse gewesen, und stärker als an das Grandiose, auf das man hinunterblicken sollte, sind meine Erinnerungen an die pubertären Einritzungen im Putz der Aussichtsrampe, an all die stachligen Abstraktionen des Unterleibs. Das war die verklemmte Epoche, in der Mädchen einander fragten: »Hast du schon Paris?«

Hinter meinem Schreibtisch hängt eine gerahmte Postkarte des Dorfes, aus dem mein Vater stammte. Der Fotograf neigte ganz gewiss nicht zur Verklärung bergmännischer Lebensorte. Die unasphaltierte Straße ist aufgeweicht wie nach einem Wolkenbruch, in den Pfützen stehen Knaben, einer mit Glatze und halblanger Hose, die anderen werden Leibchen getragen haben für die angeknöpften Strümpfe. Die Mädchen halten sich mehr an die Häuser gedrückt, ihrer Bekleidung nach sind sie schon in die Fron des mütterlichen Wirtschaftens eingespannt, jedes in einem Schürzenkleid, über keinem Kopf ragt eine Schleife. Hier und da das Gesicht einer Frau im Fenster bei einem genierten halben Hinaussehen. Und verliefen die Schienen der Straßenbahn nicht durch den Morast, glaubte man an ein Wehrmachtsfoto, das vorgibt, die Rückständigkeit an der Ostfront zu dokumentieren.

Die eingeschossigen Häuser scheinen in ihrer ungleichen Höhe zu torkeln. Auch das umzäunte Gärtchen meiner Großeltern ist aus der Symmetrie gerissen. Nie hatte sich die Frage gestellt, wieso sie mit einem Gärtchen aus der Reihe tanzen, den Häusersaum der Straße unterbrechen durften.

Der Großvater war Wachmann bei der Grube Von der Heydt gewesen. Das sagt mir eine Feldpostkarte mit dem Motiv »Horchposten im Drahtverhau«, deren Adressat er war. Und der Vater dieses Wachmannes, mein Urgroßvater, war ebenfalls nur Wachmann dort gewesen, durfte für dieses gleiche Amt jedoch den Titel »Königlicher Grubenhüter« führen.

Der Ort, den sie bewachten, war die Grube Von der Heydt. Sie muss bedeutend gewesen sein. Es gab den Besitzer einer Villa und die Bewohner von besseren Häusern, für die mein Großvater die Weihnachtsgänse stechen musste. Er stand im Ruf, die Stopfnadel am präzisesten und schnellsten zwischen die beiden Knopfknochen zu setzen. Oft war die Rede von Bergassessoren. Das waren Herren, die keine Brotdose mit sich führten. Und wenn je bei einem Tanzvergnügen eine Bergmannstochter in den Armen eines Assessors lag, war sie gefährdet in ihren Zukunftsträumen.

Für mich klang Von der Heydt wie Monte Carlo. Es gibt ja auch Städte, deren bloße Nennung als Geburtsort ein bescheidenes Leben großartiger machen. »Geboren in Sankt Petersburg« – man lässt nur die Lumpenwülste um die gefrorenen Fenster weg, und schon hört man das Gleiten von Pferdeschlitten. Oder »aufgewachsen in Paris«. Wer nur vom Boulevard Malesherbes spricht und das Detail ausspart, dass die Wohnung neben der Lieferantentreppe lag, suggeriert eine Kindheit im Vorderhaus. Und erwähnt jemand seine »Wiener Jahre«, sieht man ihn gleich in der Boheme verkehren.

Auf dem Lande wiederum, dort wo ich lebe, gibt es Leute, die postalisch keinen Straßennamen führen, sondern nur das Dorf angeben. Das soll Prominenz evozieren oder ein Anwesen mit Pappelallee, also eine Herausgehobenheit, die der Drosselweg 4 oder die Hauptstraße 5 nie aufkommen ließe.

Die Heirat meiner Großmutter mit dem Wachmann Otto Scherer aus Von der Heydt gründete nicht auf Verliebtheit. Sie war vielmehr die Belohnung für seine dreistündigen Märsche durch den Wald, um sie zu freien. Sie hatte es nicht übers Herz gebracht, ihn nicht zu nehmen, obwohl ein Sattler und ein Schneider in schillernder Weste für sie entbrannt waren. Als sie bei dem Sattler, der ebenso Polsterer war, die Matratzen für die Ehebetten mit dem Wachmann bestellte, habe der Sattler geweint.

Im Hintergrund des Hochzeitsfotos erhebt sich eine liebliche Halbinsel aus einem Wasser, in der Ferne eine Burg, zu der ein vielfach gewundener Weg hochführt. Zu Füßen des Paares wie spitz gefrorener Schnee die Zotteln eines Eisbärenfelles. Es wird dasselbe Fell gewesen sein, auf dem mein Vater in einem Kleidchen sitzen sollte. Der ihm vorangegangene Erstgeborene hatte, als er zur Welt kam, an die zwölf Pfund gewogen, und eine Frau, die ihn im Kinderwagen liegen sah, prophezeite meiner Großmutter: »Den hast du nicht lange!«, was sich erfüllte. Beim Anblick ihres Zweitgeborenen wiederholte sich die Prophezeiung, weil er so mager war, sie erfüllte sich aber nicht. So wurde nur das Überleben meines Vaters, doch keines der drei weiteren Kinder auf dem Eisbärenfell gewürdigt.

Das Hochzeitsbild zeigt meine Großmutter nur mit dem Anflug eines Lächelns, das sich wahrscheinlich einem Zuruf des Fotografen verdankte. Die Blume in ihrer rechten, auf dem Schoß ruhenden Hand, ist eine künstliche Orchidee aus dem Fundus des Fotografen, der ihr auch empfohlen haben wird, die linke Hand über der Brust geöffnet zu halten, als gälte es, etwas aufzufangen. Der stehende Bräutigam, zu einem Drittel von der sitzenden Braut verdeckt, lächelt gar nicht, sondern wahrt die versammelte Miene des Mannes, der alles mit großem Ernst angehen wird. Er trägt eine hochgesäumte Hose, die für einen Größeren geschneidert worden war. Auch auf einem späteren Soldatenfoto, das er aus Saint Hillaire nach Hause schickte, sind die Säume seiner Hosenbeine überbreit.

Rechts vom Geburtshaus meines Vaters stand das Haus der Familie Britz und links das Haus der Familie Ritz, beide zu den flachsten zählend. Die Fenster jeweils so nah am Boden, dass man mit kleinstem Kniehub hätte einsteigen können. Das Haus der Britz' war gezeichnet durch einen Grubenschaden, einem sich schräg über die Front hinziehenden Riss, den Schlagende Wetter verursacht hatten. Der Riss war geklammert und überputzt. Trotzdem gab er keine Ruhe, sondern war immer im Begriff, von neuem aufzuklaffen, um wieder überputzt zu werden. Man hätte Efeu gegen diesen Narbenwulst anranken lassen können, doch die Lauschigkeit von Efeu war einem Bergmannshaus nicht angemessen. Die Böden waren schief, die vorderen Beine des Küchenherdes hatte man verlängern müssen. Sie standen wie auf hohen Hufen in flaschengrünen Glaskokillen. Auch die Bettpfosten waren justierend aufgebockt.

In dieser Schräge, mit der eingefleischten Fähigkeit, den Schwerpunkt zu verlagern, kämpfte Frau Britz gegen das Rauchen ihres Mannes an. Herr Britz war Kohlenhauer gewesen und saß mit seiner Steinstaublunge nur noch auf dem Küchensofa. Man hörte ihn bis draußen husten und manchmal die erregte Stimme von Frau Britz: »Ja, zieh noch eine durch!« In den wärmeren Jahreszeiten kam Herr Britz seiner Frau in den Garten nachgeschlurft, und man hörte zum Husten weithin auch sein Spucken.

Im Hause Ritz regierte ebenfalls die Steinstaublunge, nur sehr viel leiser. Auch Herr Ritz war Kohlenhauer gewesen, in den niedrigsten Flözen auf dem Rücken liegend. Als ich ihn das erste Mal sah, war er schon zwanzig Jahre Invalide und ohne Luft, sich mitzuteilen. Seine Träume führten ihn ins Bergwerk hinab. Dann kroch er, bis Frau Ritz ihn weckte, auf dem Bett herum und suchte nach dem Ausstieg, wo er sich hätte drehen müssen. Zweimal die Woche kam Gundel, die Friseurin, und rasierte ihn. Sie nannte es eine Prozedur, da Herr Ritz so schlaffe Wangen hatte und außerstande war, sie mit der Zunge auszustülpen.

Neben der Familie Ritz wohnte die unübersichtliche Sippe der Diehls, auf die meine Großmutter, weil es *Mietsleut* waren, das jiddische Wort *Zores* anwandte, was für Lumpenpack und Gesindel steht. Diehls übten eine große Anziehung auf mich aus, vor allem die zwölfjährigen Zwillingsschwestern, die in der Küche Tango tanzten mit Kippbewegungen und abrupter Beinarbeit. Es gab wohl keinen Vater, dafür empfing die Mutter diverse Kavaliere. Einmal sah ich einen das Schlafzimmer der Mutter verlassen, die bis aufs Hemd entblößt auf der Bettkante saß. Anschließend trat er vor den Spiegel, der über dem Spülstein hing, um sich wieder herzurichten. Dazu gehörte eine Messerspitze Margarine, die eines der Mädchen anreichte. Er verteilte die Margarine in seinem Haar und kämmte sich einen Schwalbenschwanz. Da ich Frau Diehl nie in der Küche antraf, glaubte ich, sie sei krank, und all die Männer tauchten nur auf, um ihr gut zuzusprechen. Ich hatte mich immer wieder zu den Diehls gestohlen und aß bei ihnen so manche Mischbrotschnitte mit beigerosa Streichwurst.

Dann waren die Diehls auf einmal verschwunden, als hätte der Himmel einen Wunsch meiner Großmutter erfüllt. Und wie die Diehls mich angezogen hatten, tat es nun der Schuster Rudek in den Leimgerüchen seiner Werkstatt. Vom breiten Sitzen war seine Lederschürze geformt wie eine Schüssel. Herr Rudek war Tscheche. Er hatte links ein verkürztes Bein und trug einen immens aufgestockten Schuh, wie später Peter Mosbacher einen tragen würde, als er im Schillertheater den Mephisto spielte. Und wie Mephisto hinkte auch Herr Rudek, wenn er zur Walze ging, auf der sich jede Menge Bürsten drehten. Gegen die weichste der Bürsten drückte ich meinen Kopf und stellte mir vor, sie sei ein Tier.

In einem verglasten Hängeschrank stand auf dem obersten Bord das Gesellenstück des Schusters Rudek, ein schwarzer, vorn tellerrunder Schuh wie für eine Tatze. Auf dem unteren Bord sein Meisterstück, ein braunes Kinderschühchen.

Er hatte es für mich herausgenommen, und ich erinnere mich seiner Andächtigkeit. Ich durfte das Schühchen nicht berühren, nur hineinsehn in den Einstieg, eine schmale gepolsterte Röhre für einen spitzen Fuß, der die Sohle nicht absenken kann.

Zum Kriegsende hin gab es eine Einquartierung im Geburtshaus meines Vaters, Frau von Kretschmar, Besitzerin eines Gutes in Bitsch, das die französische Siegermacht übernommen hatte. Frau von Kretschmar wohnte im Zimmer meines Onkels Kurt, der in sibirischer Gefangenschaft war. Frau von Kretschmar lebte so geräuschlos und für sich, dass sie gerade dadurch das Haus beherrschte. Einmal hatte ich gewagt, bei ihr zu klopfen. Um das Handzeichen meiner Großmutter zu befolgen war es zu spät, denn Frau von Kretschmar hatte schon »herein« gerufen. Sie saß zu Tisch, löffelte Dickmilch aus einem Soldatengeschirr und aß Bratkartoffeln aus der Pfanne. Ich erinnere mich des kalten Zimmers, in dem nur der Wärmehauch dieser Bratkartoffeln lag, dass sie ein Haarnetz trug, eine halbe Schürze, über einer Strickjacke noch eine Lodenpelerine und dass an den Wänden Zeitungsseiten klebten. Wahrscheinlich war ich auf noble Gegenstände gefasst gewesen, sah aber keine, nur flüchtlingshaft geschnürtes Zeug. Sie war von knapper Freundlichkeit, der keine Ermunterung zu bleiben innewohnte. Sie fragte nur: »Na, was führt dich denn zu mir?« Und ich hatte keine Antwort.

Außer den Diehls, dem Schuster Rudek und den paar Minuten, die Frau von Kretschmar mir gewährte, hatte ich keine großen Erlebnisse, und ich sehe mich mit meiner Tante Käthe zum Friedhof gehen. Die Dorfstraße zieht sich, und ich trage eine Gießkanne. Dazu bedurfte es keiner nennenswerten Trockenheit. Es war ein Gang gegen die Ereignislosigkeit. Im Familiengrab lag schon mein Großvater. Es ist nie groß die Rede von ihm gewesen. Er war nur Erzeuger und muss wie ein ausgedienter Leitwolf seinen Rang verloren haben.

Im Buchsbaum des verwilderten Nachbargrabes hatte die Tante ein Häckchen mit Schippchen deponiert. Und bevor sie nach ihnen griff, sah sie sich um, ob Leute kommen, denn dieses Deponieren auf fremder Leute Grund war ja eigentlich Hausfriedensbruch. Und während sie sich ans Hacken und Lockern machte, plötzlich ein Brummen am Himmel, und sie fragt mich: »Hörst du ihn?« Und ich denke, sie meint Gott, doch sie meinte das niedrig fliegende Sportflugzeug von Doktor Schmelzer, ihrem Hausarzt. Die Tante war damals schon Witwe, und Ilse, ihre Cousine mit Schuhgröße 43, worunter sie litt, hatte mal anzüglich zu Käthe gesagt: »Du gehst ein bisschen oft zum Doktor!« Als das Flugzeug nicht mehr zu hören und die Erde über dem Großvater gelockert war, sagte die Tante zu mir: »Hier ist auch Platz für dich!«

Danach sind wir zum Grab meines älteren Bruders Rudolf gegangen. Er war schon mit viereinhalb gestorben. Sein Holzkreuz trug ein Dach aus Zinkblech. Um seinen Namen lag ein geschnitzter buntbemalter Blütenkranz, und auf dem Sockel, ebenfalls geschnitzt, saß ein Bübchen mit einem Reh und einer Eule. Das Grab war schon lange dem Efeu überlassen. Dafür stand das Kreuz, an dem die Tante herumwischte, jedes

Jahr in frischer Lackierung da. Der Tod dieses Kindes blieb ein nie verwundener Schmerz meiner Großmutter. Auf jedem Foto ist sie reserviert, nur auf dem einen nicht, wo sie den Jungen an sich drückt.

Er war der schönste und klügste ihrer drei Enkel. Wenn er den Globus drehte, habe er sich nicht bei der Bärengestalt Skandinaviens aufgehalten, weder beim Stiefel Italiens, noch bei Spanien, dem zipfeligen Halbquadrat, vielmehr habe sein Finger die Staatsgrenze zwischen Paraguay und Uruguay gesucht.

Das Glück meiner Großmutter, nie alleine gelebt zu haben, war zugleich ein Unglück, da zwei ihrer Söhne ledig blieben. In beider Frauenlosigkeit spielte der Krieg mit hinein. Kurt krankte an seiner langen Gefangenschaft, zu der ihn keiner je befragte, und die Frauen, mit denen er eine Bindung anstrebte, schickten ihn bald wieder weg. Und Adolf litt unter einer politischen Verstrickung, die er als Unrecht empfand und gleichsetzte mit dem Unrecht an Michael Kohlhaas. Er ließ sich in eine Lebensuntauglichkeit fallen, ging nicht mehr vor die Tür, zog nur noch die Uhren auf, riss das Kalenderblatt des Tages ab, beneidete den Habicht in den Lüften und schnitzte für die Hühner die Knorpel von den Knochen. An lichteren Tagen nahm Adolf den Brockhaus aus dem Schrank, verdeckte mit dem Finger die Namen von Persönlichkeiten, und ich musste raten, ob das Bild nun Einstein, Goethe oder Bismarck zeigte. Einmal sah ich meiner Großmutter beim Bügeln von Pyjamas zu, und als das Eisen über den sogenannten Eingriff einer Hose glitt, entfuhr ihr die Worte: »Die schönen Schlafanzüge und keine Frau!«

In dem Haus stand ein Gemisch aus Gerüchen. Würde ich sie trennen, die Zutaten dieses Gemischs bestimmen, käme ich auf Bohnerwachs, vergorene Birnen und Katzenurin. In der dunkel gehaltenen Speisekammer stauten sich wiederum eigene Gerüche. Vorherrschend die diversen Fette, die Nuancen des Geräucherten, des Specks und seiner aufbewahrten, seitlich hochgerollten Schwarten; das Schmalz in den Steinguttöpfen auf Ewigkeit in deren Poren eingedrungen, die

Säuernis des Tongefäßes mit der Butter, die Dünste aus den Pergamentpapieren der Wurst- und Käsebrote, vielfach benutzt, dann wieder geglättet und gefaltet.

Das Küchensofa war durchgesessen von den Brüdern, die auf das Essen warteten. Die Polsterspiralen reichten bis zum Boden und behinderten den Besen. Adolf legte schon um zehn Uhr morgens den Reklameteil der Zeitung auf den Tisch, damit die Großmutter die Kartoffeln darauf schälte. Um zwölf Uhr wünschte man sich »Guten Appetit!«. Dann strafften sich die Brüder in dem tiefen Sofa etwas, um knapp an die Teller zu reichen. Nach drei, vier einverleibten Löffel- oder Gabelfuhren fragte die Großmutter »schmeckts?«, und Kurt und Adolf antworteten mit einem Feinschmeckerstöhnen. Die Löffel waren aus Zink und hatten scharfe Ränder, die in die Mundwinkel schnitten. Man sah sich also vor und kippte die Suppe nur über das vordere Drittel des Löffels ein. Auf der Rinderbrühe schwammen die Gespinste von einem Ei, die meine Großmutter Zotteln nannte. Vom Brathuhn aß sie immer nur das Weiße, die Flügel und Schenkel waren Kurt und Adolf vorbehalten. Ich sehe meine Großmutter, aufgestützt auf eine Zeitungsflade, den Herd polieren, danach den Boden wischen, während die Brüder auf dem Sofa sich der Müdigkeit hingaben.

So wie ich jetzt von früher spreche, sprach meine Großmutter ihrerseits von früher, als man zum Feierabend die Herdklappe geöffnet hielt, ins Feuer sah und sang. Einen vergleichbaren Frieden schuf das Fernsehen nicht. Adolf war hellhörig, und Kurt drückte mit der Hand ein Ohr nach vorne. Und die weite Welt, die auf dem Schirm vorüberzog, die Basare, Jurten und Wasserfälle, machte die Stube eng. Als Oistrach das Violinkonzert von Beethoven spielte, sackte der hochmusikalische Adolf beim letzten Bogenstrich in sich zusammen, als empfinde er ein Zurückbleiben in Minderwertigkeit.

Ich kam mit der Straßenbahn aus Saarbrücken gefahren. Um mir den Anschein einer Reisenden zu geben, aß ich auf der kurzen Fahrt ein Butterbrot. Die Haltestelle lag dem Haus gegenüber, wo meine Großmutter hinter der Spanngardine stand. Sie wehrte Begrüßungsküsse ab, hob nur den Unterarm und gab mir ihre harte Hand, die sie, kaum dass ich sie ergriffen hatte, schon zurückzog. Auf der Innenfläche dieser Hand ein Netzwerk aus tiefen schwarzen Rillen, der Daumenknöchel stark durchgedrückt und wie die Standkralle eines Vogels zur Seite separiert. Sie war eine spröde, bis auf den Singsang ihrer Seufzer klaglose Frau. Im Stall, in dem die Ziege Liesel einmal stand, ihre hornlose Geiß, lag aufgeschüttet das Kohledeputat von der Grube.

Irgendwann war auch der letzte Hase gebraten, und die Hasenverschläge füllten sich mit Gerätschaften, die keinem Zweck mehr dienten. Als Letztes verschwanden die Hühner, nicht aber deren kotverkrustetes Leiterchen. Es blieb schräg gegen die Hauswand gelehnt, nur dass der Einschlupf zugemauert war. Meine Großmutter hatte ein schwesterliches Verhältnis zu ihren Hühnern gehabt. Ich höre sie von der Legenot einer Henne sprechen, den vor Schmerz flatternden Lidern, wenn ein großes Ei austrat.

Auf einem kleinen gezackten Foto steht meine Großmutter in ihrem Hof, einem Museum der schiefen Hölzer, verkanteten Zaunlatten und Maschendrahtgehege. Sie ist etwa zehn Jahre jünger als ich es jetzt bin, und man schenkte ihr nur noch Kölnisch Wasser oder Nelkenseife. Die Nachthemden, die diesen Geschenken vorausgegangen waren, hatte sie weggelegt *für gut*, worunter sie Krankheit, vielleicht auch den Tod verstand. Wenn jemand gestorben war, sagte sie: »Der hat's hinter sich!« Sie war sechsundachtzig, als der Bestatter mit dem Sarg kam, das klumpig gestopfte Federbett zurückschlug und ihr eines jener Nachthemden überzog, die immer noch genadelt auf der Pappe lagen.

Saarbrücken, 23. November 2012

Nachweis der Erstdrucke

Die Dankesrede zum Ludwig-Börne-Preis wird hier erstmals gedruckt.
Die Laudatio hielt die Alleinjurorin Monika Maron.

Der Erstabdruck der Dankesrede zum Italo-Svevo-Preis erfolgte in der Süddeutschen Zeitung vom 7.6.2008 unter dem von der Redaktion verantworteten Titel »Geburtseinleitung für flüssige Sätze. Die Furcht vor dem Schreiben«.
Die Laudatio hielt die Alleinjurorin Brigitte Kronauer.

Die Dankesrede zum Heinrich-Mann-Preis der Akademie der Künste zu Berlin wurde erstabgedruckt unter dem redaktionellen Titel »Die Glocke des Speisewagenkellners« in der Frankfurter Allgemeinen Zeitung vom 26.6.2011.
Die Laudatio hielt Burkhard Müller.

Die Dankesrede zum Kunstpreis des Saarlandes wurde erstveröffentlicht unter dem redaktionellen Titel »In alter Zeit« in DIE ZEIT vom 14.8.2013.
Die Laudatio hielt Martin Mosebach.

Alle Texte wurden von der Autorin für diese Ausgabe überarbeitet.

Inhalt

Ludwig-Börne-Preis

5

Italo-Svevo-Preis

21

Heinrich-Mann-Preis

33

Kunstpreis des Saarlandes

57

Nachweis der Erstdrucke

77

Bibliografische Information der Deutschen Nationalbibliothek

Die Deutsche Nationalbibliothek verzeichnet diese
Publikation in der Deutschen Nationalbibliografie;
detaillierte bibliografische Daten sind im Internet
über http://dnb.d-nb.de abrufbar.

© Wallstein Verlag, Göttingen 2014
www.wallstein-verlag.de

Vom Verlag gesetzt aus der Stempel Garamond
Umschlaggestaltung: Susanne Gerhards, Düsseldorf
unter Verwendung einer Fotografie von Thorsten Zwinger
Druck und Verarbeitung: Pustet, Regensburg

ISBN 978-3-8353-1420-7